# Starfish on the Beach

the starfish is
a five-pointed
star

a five-fingered
hand
full of salt

five directions
inviting us
to explore

# Estrella de mar en la playa

cinco puntas
tiene la estrella
de mar

cinco dedos
de una mano
llena de sal

cinco direcciones
que nos invitan
a explorar

To all the children who by writing their own poetry
have inspired me to continue writing poetry

A todos los niños que escribiendo su propia poesía
me han inspirado a seguir escribiendo poesía     – F.X.A.

Always for you, Wendi / Siempre para ti, Wendi   – M.C.G.

Editor: Harriet Rohmer     Design and Production: Cathleen O'Brien
Editorial Assistant: Dana Goldberg     Thanks to the staff of Children's Book Press.

Distributed to the book trade by Publishers Group West
Quantity discounts available through the publisher for educational and nonprofit use.

Library of Congress Cataloging-in-Publication Data
Alarcón, Francisco X., 1954–
Iguanas in the snow and other winter poems / poems, Francisco X. Alarcón;
illustrations, Maya Christina Gonzalez = Iguanas en la nieve y otros poemas de
invierno / poemas, Francisco X. Alarcón; ilustraciones, Maya Christina Gonzalez.
p. cm.
Summary: A bilingual collection of poems in which the renowned Mexican American
poet celebrates winter in San Francisco and the mountains of Northern California.
ISBN 0-89239-168-5
1. Winter—Juvenile poetry. 2. California, Northern—Juvenile poetry. 3. Children's
poetry, American—Translations into Spanish. [1. Winter—Poetry. 2. California,
Northern—Poetry. 3. American poetry. 4. Spanish language materials—Bilingual.]
I.Title: Iguanas en la nieve y otros poemas de invierno. II. Gonzalez, Maya Christina, ill.
III. Title.    PS3551.L22 I39 2001    811'.54--dc21

00-065667

Printed in Hong Kong through Marwin Productions
10  9  8  7  6  5  4  3

Children's Book Press is a nonprofit community publisher of multicultural and bilingual
literature for children, supported in part by grants from the California Arts Council.
Write us for a complimentary catalog: Children's Book Press, 2211 Mission Street,
San Francisco, CA 94110. Visit our website: www.childrensbookpress.org

# Iguanas
### in the
# Snow

#### and Other
#### Winter Poems

# Iguanas
### en la
# nieve

##### y otros
##### poemas de invierno

**Poems/Poemas  Francisco X. Alarcón**

**Illustrations/Ilustraciones  Maya Christina Gonzalez**

**Children's Book Press / Libros para niños**
**San Francisco, California**

**Las nubes**

montañas
que flotan
soñando
en el cielo

**Clouds**

floating
mountains
dreaming
in the sky

## In Winter

it rains
and rains
nonstop

the sky
becomes sea
to the earth

## En invierno

llueve
y llueve
sin parar

para la tierra
el cielo
se vuelve mar

5

# Ciudad de puentes  City of Bridges

| | |
|---|---|
| yo soñé | I dreamed |
| una ciudad | a city |
| recostada | resting |
| | |
| entre alegres | among happy |
| colinas | rolling hills |
| y tranvías | and streetcars |
| | |
| con casas | with houses |
| que parecen | that look like |
| de muñecas | doll houses |
| | |
| y edificios | and buildings |
| con adornos | decorated |
| de pastel | like pastry |
| | |
| yo soñé | I dreamed |
| una ciudad | a city open |
| abierta al mar | to the sea |
| | |
| remojándose | soaking |
| los pies | her feet |
| en una bahía | in a bay |
| | |
| amistosa | friendly |
| muy alegre | very joyful |
| y generosa | and kind |
| | |
| con puentes | with bridges |
| que nos quieren | ready to |
| a todos abrazar | embrace us all |
| | |
| una ciudad | a city |
| donde | where people |
| las personas | become |
| | |
| se hacen | bridges |
| puentes | to each |
| entre sí | other |

# Misión de Dolores

querida abuelita
de todo
San Francisco

tú eres
el edificio
más antiguo

has estado
tanto tiempo
por aquí

que un barrio
ha crecido
a tu alrededor

tus muros
de adobe
están hechos

de tierra
mezclada
con amor

en invierno
resguardan
tu calor

como
los brazos
de mi abuela

# Mission Dolores

grandmother
dear to all
San Francisco

you are
the oldest
building around

you've
been here
so long

a barrio
has grown up
around you

your adobe
walls are
made

of earth
mixed
with love

in winter
they keep
you warm

just like
my grandma's
broad arms

**La Misión de Dolores** (fundada en 1776) fue una de las 21 misiones establecidas por frailes franciscanos cuando California pertenecía a España. Ahora se localiza en el Distrito de la Misión, el principal barrio latino de San Francisco.

**Mission Dolores** (founded in 1776) was one of 21 missions established by Franciscan friars when California belonged to Spain. It is located in the Mission District, the main Latino barrio or neighborhood of San Francisco.

# San Francisco

yo me llamo
Francisco
como mi abuelo

y como
el abuelo
de su abuelo

cómo me alegro
que esta ciudad
lleve el nombre

de San Francisco—
el santo patrón
de los animales

aquí mi nombre
todos lo saben
escribir

# San Francisco

my name is
Francisco like
my grandfather

and like
his grandfather's
grandfather

I'm so happy
this city is
named after

Saint Francis—
the patron saint
of all animals

here everybody
knows how to
spell my name

# En mi barrio

la música
de la vida
se puede oír

saliendo
de murales
a todo color

# In My Barrio

you can hear
the music
of life

coming out
of murals
in full color

11

## Bailando por las calles

tengo un primo
que es conductor
de tranvías

todos
lo conocen como
Rafael Rocanrol

por su habilidad
muy especial
de conducir

el tranvía
en su trayecto
en perfecto compás

con las canciones
rocanroleras
que tararea

cuando toca
la campana familiar
del tranvía

Rafael Rocanrol
al ritmo de la lluvia
se pone a bailar

lo puedo oír
con su ronca voz
explicar:

"cada viaje
es como cantar
al rocanrol"

## Dancing in the Streets

I have a cousin
who's a cable car
conductor

everybody
knows him as
Rocking Rafael

for his very
special skill
of running

the cable car
down the track
in perfect rhythm

with the oldies
but goodies songs
he hums

when he rings
the cable car's
familiar bell

Rocking Rafael
dances to the rhythm
of the rain

I can hear him
explaining
in his raspy voice–

"each ride
is like a rock
and roll tune"

# Los más grandes de San Francisco

a los turistas
no les ponen
atención

algunos son
ruidosos
hasta olorosos

a todos les gusta
descansar
y dormir

son los lobos
marinos
que años atrás

sin invitación
vinieron del mar
al Muelle 39

para hacer
del embarcadero
su hogar

de algún modo
los lobos marinos
deben saber

esta costa era suya
mucho antes que aquí
hubiera una ciudad

# The Biggest San Franciscans

they pay
no attention
to tourists

some are
noisy
even smelly

they all love
to take
long naps

they are
the sea lions
that years ago

came uninvited
from the sea
to Pier 39

and took over
the boat marina
as their home

somehow
the sea lions
must know

this shore was
theirs long before
there was a city here

# Oda a la Escuela Bilingüe de Buena Vista

aquí el español
va a la escuela
con el inglés

*uno-dos-tres*
es tan fácil como
*one-two-three*

aquí niños de todas
las razas escriben
bellos poemas

tanto en inglés
como en español
hasta en espiral

y siguiendo
la clave del
maestro Felipe

aquí los niños
aprenden a cantar
con el corazón

# Ode to Buena Vista Bilingual School

here Spanish
goes to school
with English

*uno-dos-tres*
is as easy as
*one-two-three*

here children
of all races write
beautiful poems

in English
and Spanish
even in spirals

and following
the beat of teacher
Felipe's *clave*

here children
learn to sing
with their hearts

**The clave** is the basic five-note pattern of Afro-Cuban music, which is played on a pair of wooden sticks called *claves*.

**La clave** es la forma rítmica de cinco notas básicas de la música afrocubana que se toca con dos palitos llamados *claves*.

# Para escribir poesía

debemos
primero tocar
oler y saborear
cada palabra

**To Write Poetry**

we must
first touch
smell and taste
every word

# Nochebuena

me encanta
el sabroso
olor

de tamales
cociéndose
al vapor

toda mi familia
a mi alrededor
cantando

las alegres
canciones de
Las Posadas

todos
ansiosos
esperando

ese ruido
de papel
tan especial

que hacen
los regalos
al abrirlos

# Christmas Eve

I love
the delicious
aroma

of tamales
simmering
in their steam

my family
all around me
singing

the joyful
songs of
*Las Posadas*

everybody
eagerly
awaiting

that very
special
paper noise

gifts make
when we
unwrap them

**Las Posadas** is a Mexican tradition that reenacts through songs the Christmas pageant of Mary and Joseph looking for an inn *(posada)* in Bethlehem. Neighbors partake in these celebrations during the nine nights leading to Christmas.

**Las Posadas** son una tradición mexicana que representa escenas de la Navidad a través de canciones, con María y José pidiendo posada en Belén. Los vecinos comparten estas celebraciones durante las nueve noches que preceden a la Navidad.

## Vida del migrante
## en estaciones

ya llegó
el invierno
ya se acaban
las cosechas

de nuevo
con mi familia
me vuelvo
a México

adiós amigos
más queridos
adiós carnales
del campo

adiós compas
de la escuela
adiós maestra
más ejemplar

la próxima estación
cuando muerdan
deliciosas frutas
por primera vez

acuérdense de mí
y de mi familia
porque quizás
nosotros las pizcamos

Muchas familias migrantes regresan a México
después de trabajar siguiendo las cosechas en
California. Sus hijos muchas veces no vuelven a
las mismas escuelas cada año.

# Migrant Life in Seasons

winter
has arrived
harvests
are over

I'm going
back to
Mexico
with my family

good-bye
dear friends
good-bye
homeboys

good-bye
schoolmates
good-bye teacher
one-of-a-kind

next season
when you take
your first bite
of delicious fruits

remember me
and my family
because maybe
we picked them

Many migrant families return to Mexico
after following the harvests in California.
Their children often don't go back to the
same schools every year.

23

# Iguanas in the Snow

what fun
to see snow
for the first time

on the Sierra Nevada
all dressed in white
like a bride

get out
of Papa's car
in a hurry

touch the wet
snow with
our bare fingers

and throw
snowballs
at each other

what a ride
to slide
down slopes

on top
of black
inner tubes

together with
brothers and sisters
cousins and uncles

all sporting
green jackets
and pants

gotten
in a sale at
the army surplus

"ha! ha! ha!"
Mama laughs
and says with joy—

"we look like
happy iguanas
in the snow"

# Iguanas en la nieve

qué diversión
ver nieve
por primera vez

en la Sierra Nevada
vestida de blanco
como novia

bajarse
a la carrera
del coche de papá

tocar
con los dedos
la nieve húmeda

y tirarnos
bolas de nieve
unos a los otros

qué aventura
deslizarse
colina abajo

montados sobre
tubos negros
de llanta

con hermanos
y hermanas
primos y tíos

todos estrenando
pantalones y
abrigos verdes

comprados
en una tienda de
baratillas del ejército

"¡ja! ¡ja! ¡ja!"
mi mamá se ríe
y dice con alegría:

"parecemos
iguanas felices
en la nieve"

## Sol de invierno

hermano Sol:
no te he visto
en muchos días

¿tú también
te vas a México
de vacaciones?

## Winter Sun

brother Sun—
I haven't seen you
in many days

do you go
to Mexico
on vacation too?

Primera nevada

el cielo

le manda

dulces besos

a la tierra

## First Snowfall

the sky

is sending

soft kisses

to the earth

## A Blank White Page

is a meadow
after a snowfall
that a poem
hopes to cross

## Una hoja en blanco

es un campo recién
cubierto de nieve
que un poema
espera cruzar

# Secoyas gigantes

éstos son los ta-ta-
ta-tarabuelos
de la Sierra Nevada

sus cicatrices recuentan
las tormentas e incendios
que han sobrevivido

cada año sin falta
a sus enormes troncos
les sale otro anillo

grueso en un año
de lluvias abundantes—
delgado en uno seco

toda mi familia tiene
que tomarse de la mano
para poder abrazar

al árbol más alto
y de más edad
de esta arboleda

28

# Giant Sequoias

these are the great-great-
great-great-grandparents
of the Sierra Nevada

their many scars tell
of the storms and fires
they have survived

every year without fail
their huge trunks
add another ring

thick in a wet year
with plentiful rains—
thin in a dry one

it takes my whole
family holding hands
for us to give a hug

to the tallest
and oldest tree
in this grove

# Futuros
# ancestros

los niños son
las ramas en flor
de los árboles

un día
sus semillas
serán la raíz

de otros árboles
que a su vez darán
ramas en flor

# Ancestors of Tomorrow

children are
the blooming
branches of trees

one day their seeds
will become
the roots

of other trees
bearing their own
blooming branches

31

# Afterword

These poems celebrate Northern California, where I have lived for more than two decades. Although I no longer live in San Francisco, I try to spend at least one day a week in the city. The rhythms of the markets in Chinatown and the music of the Mission District make a beautiful contrast to the quiet streets and bustling campus of Davis, California, where I now live. On a clear day, I can even see the snowy crest of the Sierra Nevada in the distance.

In writing these poems, I have been inspired by many children and teachers I have come to know through the community programs of Children's Book Press. Maya Christina Gonzalez and I have now completed a series of four books, each celebrating a season of the year. Enjoy these poems – and keep enjoying life like the cool iguanas hidden in the pages of this book!

*– Francisco X. Alarcón*

# Posdata

Estos poemas celebran el Norte de California, donde he vivido por las últimas dos décadas. Aunque ya no vivo en San Francisco, casi todas las semanas paso por lo menos un día en esa ciudad. El ritmo de los mercados del barrio chino y la música del Distrito de la Misión son un contraste fantástico con las calles tranquilas y el animado campus de Davis, California, donde vivo ahora. En un día despegado, hasta puedo divisar la blanca cresta de la Sierra Nevada en la distancia.

Para escribir estos poemas me han inspirado los niños y maestros que he venido conociendo a través de los programas para la comunidad de Children's Book Press. Maya Christina Gonzalez y yo hemos completado una serie de cuatro libros – cada uno celebrando una estación del año. Disfruten de estos poemas y ¡sigan gozando de la vida como las iguanas chéveres que se esconden en las páginas de este libro!

*– Francisco X. Alarcón*

**Francisco X. Alarcón** is a renowned poet and educator. Winner of numerous awards and the author of ten books of poetry, his seasonal poems for children have been celebrated by reviewers as "brilliant," "beautiful in two languages," and "a model for children." He teaches at the University of California, Davis.

**Maya Christina Gonzalez** is an acclaimed artist and illustrator. Her joyous artwork for Francisco X. Alarcón's poems has been praised by reviewers as "lively," "innovative,"and "so bountiful it feels as if it's spilling off the pages." This is her sixth book for Children's Book Press.